时代精神的学术见证

《中国社会科学》三十五年

SHIDAI JINGSHEN DE 简史 XUESHU JIANZHENG

中国社会科学杂志社研究室 编著

人民出版社

用学术书写时代进步的华章

——为《中国社会科学》创刊三十五周年而作

高 翔

中国社会科学院秘书长、党组成员

中国社会科学杂志社总编辑

　　35 年前，也就是 1980 年，《中国社会科学》创刊了。这个诞生、成长于改革开放新时期的幸运儿，从一开始就承载着独特的使命，凝聚着众多的期望。时任中国社会科学院院长的胡乔木同志对这份刊物饱含深情，倾注了大量心血。他确定了《中国社会科学》的办刊方向和编辑方针，强调要"以马克思主义为指导，研究国内外社会历史和学术思想，增进国际学术交流，为我国的社会主义现代化和我国哲学社会科学的发展服务"；明确要求《中国社会科学》发表的论文质量要在全国是第一流的，能代表中国社会科学院以至我们国家的社会科学水平，能够带动全国的哲学社会科学研究工作。

　　斗转星移 35 年，《中国社会科学》始终不忘创刊者的嘱咐和重托，始终牢记自己的责任，努力走在时代和学术进步的前沿。从 1980 年至今，《中国社会科学》刊发了三千八百余篇文章。这些在不同时期刊发的文章，无不鲜活而深刻地体现了当代中国学人的精神追求以及对时代问题的思考与回应。可以说，《中国社会科学》是新时期中国学术道路的一个缩影。"风云雄气象，笔墨辟鸿蒙。"回望过去，《中国社会科学》一路走来，不乏辉煌与荣光，也经历过曲折和迷茫。反思、总结其中的经验与教训，对我们更好地把握中国学术的未来不无裨益。

马克思主义是当代中国学术的旗帜和灵魂

中国的马克思主义学术萌生于 20 世纪五四运动前后，在 20 世纪二三十年代的社会史大论战中逐渐成为进步学术的主流。新中国成立后，人文社会科学界形成了以马克思主义为指导的学术话语体系，这是新时期中国学术前进的基础和出发点。

《中国社会科学》自诞生起就处在剧烈而深刻的社会变革之中，面临着各种思潮的相互激荡和竞争。它一方面积极倡导学者解放思想，大胆探索、大胆创新，为时代的进步鼓与呼；一方面毫不含糊地宣示，以马克思主义为指导是近代以来中国历史的必然选择，是中国学术的必由之路。坚持马克思主义，中国学术就从根本上坚持了科学的世界观和方法论；掌握了马克思主义，中国学术就从根本上掌握了自己的未来。马克思主义不是束缚学术创新的教条；相反，它从未离开人类文明发展的大道，从不保守，从不故步自封，是最没有狭隘宗派主义的思想体系，具有最宽阔的胸怀和包容能力，善于通过批判的方法吸收和借鉴全人类的一切思想精华，使自己得到丰富和发展。

马克思主义与时俱进的品格，要求学者站在社会进步的最前沿，在理论和实践的双重探索中，不断开辟新的思想境界、学术境界。这是当代中国学人的使命，也是中国知识界应有的精神追求。正是从坚持和发展马克思主义的立场出发，《中国社会科学》组织、刊发了一系列具有重大影响的文章，体现出《中国社会科学》和中国学人的理论担当与学术勇气。

服务中国特色社会主义是当代中国学术的根本宗旨

对亿万苍生的关切，对人类命运的关注，始终是学术文明得以展开、得以延续、得以发展的前提。"士不可以不弘毅，任重而道远"，"为天地立心，为生民立命，为往圣继绝学，为万世开太平"，铸就了一代代中国学人的崇高品格和凛然风骨。当代中国学术必须继承和弘扬这一经世传统，矢志不渝地为我们这个时代的进步提供思想和智慧的支持。

服务现实与学术研究并不矛盾，而是相辅相成、相得益彰。学术的生命力，从来都来自于对重大现实问题的深切追问，来自于对人类前途命运的终极关怀。学术不断地从现实中汲取创新的素材和灵感，而人类生活的现实也在学术的不断进步中获得提升和改善。三十多年来，中国最具创新价值的学术成果，最有可能成为"传世之作"的学术文献，无一不饱含着深沉的家国情怀，无一不清晰而直接地回答时代的课题。正是从对重大理论和现实问题的关注和思考中，从人民群众创造历史的伟大实践中，我们的学者获得了思想创新的动力和源泉。以《中国社会科学》所刊发文章为例，围绕实行农村家庭联产承包责任制、建立社会主义市场经济体制、健全社会主义法制与推进依法治国、推进国家治理体系和治理能力现代化等方面的文章，与时代的脉搏共振，与人民的呼声相应，具有鲜明的理论和学术创新价值。

毋庸讳言，无论过去还是现在，中国学人在坚持独立思考和服务现实方面还存在需要改进的空间。但这不应该成为远离现实、逃避使命与担当的理由。中国学人的双脚必须牢牢站立在实践的热土上。否则，"躲进小楼成一统"，"不知有汉，无论魏晋"，无论多么劳神费力，最终形成的只能是精致的"纸老虎"。历史反复证明，学术要发展，一个最基本的前提就是要投身到时代进步的洪流中，去推波助澜，去激流扬帆，而不是冷眼旁观，更不能逆流而动。

形成中国特色学术话语体系是当代中国学术的坚定追求

在我们这个星球上，每一个民族的文化都是独一无二、不可替代的。作为人类文明高层次组成部分的人文社会科学知识体系，更是如此。当今时代，伴随着信息技术的进步、交通工具的发达，不同国家、不同民族的联系日渐紧密，文化在交融、知识在汇通，学术的全球化似乎正成为一场宏大的"盛宴"。然而，表象不等于本质，时尚不等于方向，真正成熟的学者不应该在喧嚣和狂欢中迷失自我。我们需要对学术的全球化作冷思考。

毫无疑问，当今时代，在学术上搞闭关锁国既无出路，也不可能。学术要发展，必须具有全球视野，必须善于借鉴、学习其他国家，包括国际主流学术中的合理成分。但也要看到，学术交流应该是平等的、双向的，放弃人文社会科学研究的民族性，用西方的学术理念改造我们的学术文化，只能是死路一条。事实上，在如何正确处理中外学术关系上，我们既有成功的经验，也不乏痛苦的教训。一个时期以来，一些学科过于强调西方学术的先进性和普适性，盲目迷信和崇拜西方学术与理论，妨碍了我们的独立思考和理论创新。面对中外学术思潮的汹涌激荡，我们诚然需要有宽广的视野、博大的胸怀和谦逊的姿态，但前提是坚守我们的学术价值、学术立场与学术原则，坚持独立思考、独抒己见，以我为主、为我所用。中国学人不能一味当洋人的学生，不能放弃民族学术的尊严与自信。中国学术必须说中国话，必须形成人文社会科学研究的中国学派。这是《中国社会科学》矢志不移的学术追求。

坚守科学精神是当代中国学术的基本原则

敬畏学术，以审慎的态度对待学术，是中国知识界一以贯之的优良传统。清代学者钱大昕说，"学问乃千秋之事"，"通儒之学，必自实事求是始"。在中国马克思主义学术发展史上，真正的名家巨匠从来都是严谨治学的典范。然而，近些年学术氛围、学术风气出现种种弊端，自尊自重之风渐衰，庸俗媚俗之习蔓延；求实严谨之风不兴，轻浮贪功之气弥盛；抄袭剽窃时发，低层次重复成果甚多。与此同时，批评之声渐微，坚持真理的品格不彰。所谓的学术评论，往往谀词充斥，媚语多有；所谓的学术批评，往往避重就轻，避实击虚。这一现状，不但对包括《中国社会科学》在内的学术期刊的编辑工作提出了严峻的挑战，而且影响着当代中国学术的形象。中国学术要在未来的路上走得更好、更远，就必须杜绝浮华，返璞归真；坚守科学精神，坚守职业道德，坚守学术规矩；坚持做人、做事、做学问相统一，老老实实做人，踏踏实实做事，扎扎实实做学问；将科学研究作为千秋之事，敬之慎之，不为虚名所惑，不为近利所诱，脚踏实地，厚积薄发，使研究成果真正经得起实践的检验、经得起人民的评说、经得起历史的考验，从而使我们的学术界有品位、有尊严，风清气正，一归于淳朴正直之道。

"礼乐百年而后兴"。35年，在人类历史上不过是短暂的一瞬。然而，这35年，中国创造了人类发展进步的历史奇迹。中国人文社会科学受益于这个时代，也成为时代前进的助推者、欢呼者。《中国社会科学》表征着我们这个时代知识的升华，反映着当代学人思想的追求，见证着社会的变迁与发展。在未来的岁月里，《中国社会科学》将在追求真理的途中，与探索者一路同行，并留下浓墨重彩的华章。

目　录

第一章

"龙门刊物" 的历史渊源

　　在人类现代学术历史上，学术期刊的发展水平，从来都是一个时代文明水平的重要标志，是一个时代认知能力和时代精神的重要体现。

　　回顾学术期刊发展史可以看到，最引人注目的优秀学术成果，往往通过学术期刊最先展示出来；最尖锐而深刻的学术讨论，往往通过学术期刊得以展开和推进；最优秀的学术人才，往往首先在学术期刊发表成果、崭露头角，进而受到学界的关注。在相当程度上我们可以说，中国学术期刊始终是学术进步的推动者和见证者，构成了现代学术历史的重要组成部分。

　　《中国社会科学》作为一本具有重要影响的学术期刊，创刊 35 年来，始终致力于成为引导、推动当代哲学社会科学繁荣发展的高端媒介，成为展示中华民族具有世界意义的当代智慧的重要平台，为中国学术自立于世界民族之林作出积极的贡献。

一、从《历史研究》走来

《中国社会科学》是从 1954 年创刊的《历史研究》一路走来的。

《历史研究》最初由中共中央决定创办，毛泽东同志亲自命名并确定了办刊方针。毛泽东同志指示说："中国历史很长，建议在中国科学院设立三个研究所，把中国史分三段来研究：第一所研究古代，止于汉；第二所研究魏晋到鸦片战争前；第三所研究鸦片战争以来的近代史。三个历史研究所合办一个杂志，定名为《历史研究》，方针是百家争鸣。"1953 年秋，经中共中央批准，决定设立中国历史问题研究委员会，创办《历史研究》杂志，并组成由郭沫若为召集人的编辑委员会。1954 年，《历史研究》正式创刊。

1979 年，中国社会科学院决定创办《中国社会科学》，并成立中国社会科学杂志社，将《历史研究》交给中国社会科学杂志社编辑出版。《历史研究》二十多年的发展，为《中国社会科学》的顺利创刊奠定了坚实的基础，提供了宝贵的经验。

郭沫若（1892—1978）

1954 年《历史研究》创刊号

1954 年郭沫若致刘大年信函手迹

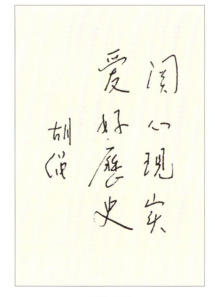

胡绳题词

二、顺应潮流　应运而生

"文化大革命"结束之后，学术界对哲学社会科学的复苏与重建翘首企盼。1977 年，为适应社会主义现代化建设的迫切需要，邓小平同志适时作出了成立中国社会科学院的战略决策。

1977 年 5 月 7 日，经中共中央批准，在中国科学院哲学社会科学部的基础上，正式成立中国社会科学院。

中央对中国社会科学院提出的三大定位是：马克思主义的坚强阵地、我国哲学社会科学研究的最高殿堂、党中央国务院重要的思想库和智囊团。

1979 年 6 月，中国社会科学院的直属机构中国社会科学杂志社正式成立。1980 年 1 月 10 日，《中国社会科学》第 1 期正式出版，面向国内外公开发行，逢单月 10 日出版，双月刊。

胡乔木（1912—1992）

《中国社会科学》创刊号

《中国社会科学》创刊号目录

《中国社会科学》编辑方针

　　时任中国社会科学院院长胡乔木亲自为《中国社会科学》确立了编辑方针："以马克思主义为指导，研究国内外社会历史和学术思想，增进国际学术交流，为我国的社会主义现代化和我国哲学社会科学的发展服务。"

　　就在同一年，*Social Sciences in China*（《中国社会科学》英文版）也创刊面世。*Social Sciences in China* 是中国最重要的人文社会科学综合类英文学术期刊。它面向海外读者，以季刊的形式，介绍中国人文社会科学研究方面的学术成果、理论动态和学术研究信息，促进国际文化交流，为中国现代化建设和人文社会科学的繁荣发展服务。*Social Sciences in China* 与《中国社会科学》相互配合，相得益彰，既是国外了解中国改革开放、经济发展以及人文社会科学发展状况不可多得的学术窗口，也是国内学者与国际学术交流不可或缺的文化桥梁。

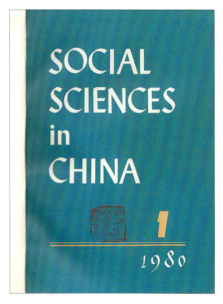
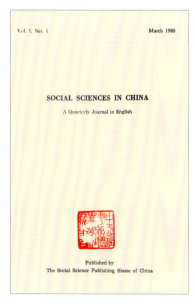

1980 年 *Social Sciences in China*（《中国社会科学》英文版）创刊号

三、承载关怀 不断成长

1995 年 1 月 23 日，《中国社会科学》第一届编辑委员会成立，全国政协副主席、中国社会科学院院长胡绳任编委会主任。

1999 年 9 月 6 日，中国社会科学杂志社召开《中国社会科学》第二届编辑委员会工作会议，中央政治局委员、中国社会科学院党组书记、院长李铁映任《中国社会科学》编委会主任。

2004 年 12 月 16 日，中国社会科学杂志社召开《中国社会科学》第三届编辑委员会工作会议，全国政协副主席、中国社会科学院党组书记、院长陈奎元担任《中国社会科学》编委会主任。

2013 年 12 月 18 日，中国社会科学杂志社召开《中国社会科学》第四届编辑委员会工作会议，中国社会科学院院长、党组书记王伟光担任《中国社会科学》编委会主任。

在胡绳、李铁映、陈奎元、王伟光等领导同志的亲切关怀下，《中国社会科学》的建设与发展始终坚持正确的政治方向，严把学术质量关，不断健全编辑制度和出版流程。

在各方面的共同努力下，《中国社会科学》不断发展壮大，已成为深刻反映时代精神、中国经验和学术前沿的权威阵地，切实引领、推动当代哲学社会科学繁荣发展的高端平台。

《中国社会科学》首届编委会主任胡绳

《中国社会科学》第二届编委会主任李铁映

《中国社会科学》首届编委会会议

《中国社会科学》第二届编委会会议

《中国社会科学》第三届编委会主任陈奎元

《中国社会科学》第四届编委会主任王伟光

《中国社会科学》第三届编委会会议

《中国社会科学》第四届编委会会议

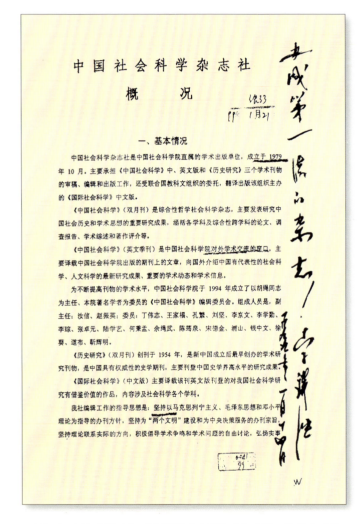

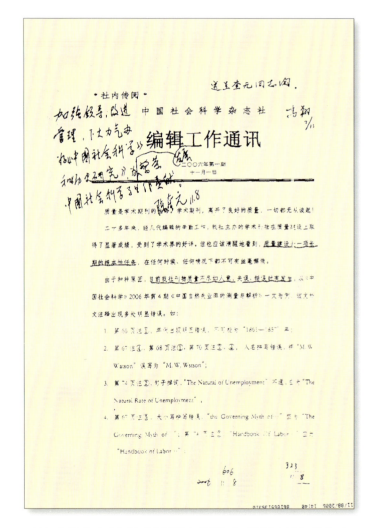

1999 年李铁映批示把《中国社会科学》"办成第一流的杂志"

2006 年陈奎元对办好《中国社会科学》和《历史研究》的批示

四、改为月刊　再创辉煌

2006 年以来，随着中国哲学社会科学事业的繁荣发展，《中国社会科学》作为哲学社会科学界的重要旗帜和综合性学术刊物的引领者，承担着越来越重要的使命。为更全面、更及时、更深刻地反映中国哲学社会科学研究的最新成果，推动中国学术走向世界，提升国家文化软实力，应广大学者的强烈要求，《中国社会科学》改月刊的计划进入议事日程。

2007 年 2 月 6 日，《中国社会科学》编委会在中国社会科学杂志社召开会议。全国政协副主席，中国社会科学院党组书记、院长、《中国社会科学》编委会主任陈奎元进一步强调了《中国社会科学》改月刊的重大历史意义。2007 年 3 月 18 日，为落实《中国社会科学》编委会会议精神，中国社会科学杂志社总编办公会研究决定成立"《中国社会科学》（月刊）实施方案起草小组"。为改月刊做好充分准备，《中国社会科学》编辑队伍赴全国各地的高校、科研院所开展办刊座谈会，广泛听取学术界对《中国社会科学》改月刊的意见与建议。

经过长期筹备与精心部署，《中国社会科学》于 2012 年正式改为月刊，打破了一般学术刊物"改月刊质量必下降"的所谓规律，全年发文质量稳中有升，学术影响和社会影响持续攀升，实现了自 1980 年创刊以来的新飞跃。

2015 年 1 月 21 日，《中国社会科学》第四届编委会第二次全体会议在中国社会科学杂志社召开。

中国社会科学院院长、党组书记、《中国社会科学》编委会主任王伟光对《中国社会科学》未来发展提出八点要求。

第一，以马克思主义为指导，坚持正确的政治方向和学术导向，努力为中国特色社会主义服务。

第二，以中国特色社会主义为旗帜，以繁荣发展中国特色哲学社会科学为己任，努力打造具有中国特色、中国风格、中国气派的哲学社会科学学术创新体系

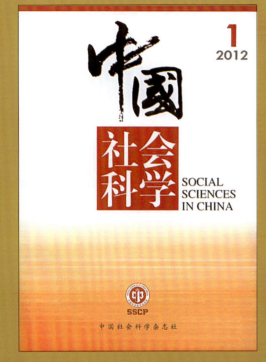

2012 年《中国社会科学》改月刊后第一期

《中国社会科学》改月刊敬告学术界，《中国社会科学》2011 年第 6 期

和话语体系。

第三，以"双百"方针为原则，寓政治性于学术、学理性之中，努力促进中国特色理论学术的创新和发展。

第四，坚持基础和应用研究并重并举的方针，注重党和人民关注的重大理论和现实问题，注重研究国内外社会思潮和历史上的重要流派，努力提高《中国社会科学》杂志的学术水平。

第五，以实事求是的学风和科学严谨的文风为导向，开展民主开放的学术讨论，努力办成中国学者特别是青年学者的学术之家。

第六，以中国学术"走出去"为战略选择，加大国际学术交流力度，努力扩大中国特色理论学术对外影响力和话语权。

第七，以弘扬中华优秀传统文化为使命，整理、研究、挖掘中国优秀传统学术思想，努力促进当代中国的优秀思想文化与中华传统优秀文化有机结合。

第八，以管理强刊为抓手，加强制度化建设，努力打造一支政治和学术"双过硬"的高素质领导队伍和编辑骨干队伍。

这八个方面的要求，为《中国社会科学》的未来发展，明确了前进的方向，提供了有力的保障。

2015 年《中国社会科学》第四届编委会第二次全体会议在北京召开

第二章

独一无二的编辑队伍

《中国社会科学》35年的快速发展，得益于有一支优秀的编辑出版人才队伍。这支队伍，始终坚持以马克思主义为指导，特别能战斗、特别能吃苦，秉承忠诚、敬业、奉献的职业精神，在实践中磨炼，在工作中成长，勤勤恳恳，任劳任怨，成为世界学术期刊阵营中一支出类拔萃的优秀编辑力量，是《中国社会科学》成为"龙门刊物"的人才保障。

一、《中国社会科学》历任总编辑

优秀的学术编辑，应当讲政治、懂理论、通学术、会管理，是思想家、学问家、社会活动家的有机统一。

中国社会科学杂志社始终按照这一要求和定位，努力打造一支高水平的编辑队伍。

黎澍、丁伟志、李学昆、徐宗勉、赵振英、李新达、秦毅、高翔先后担任中国社会科学杂志社总编辑。

1980—1982 年中国社会科学杂志社总编辑黎澍	1982—1985 年中国社会科学杂志社总编辑丁伟志	1985—1988 年中国社会科学杂志社总编辑李学昆	1988—1994 年中国社会科学杂志社总编辑徐宗勉

1994—1998 年中国社会科学
杂志社总编辑赵振英

1998—2000 年中国社会科学
杂志社总编辑李新达

2001—2006 年中国社会科学
杂志社总编辑秦毅

2006 年至今中国社会科学
杂志社总编辑高翔

二、忠诚、敬业、奉献的编辑团队

中国社会科学院秘书长、党组成员高翔兼任中国社会科学杂志社总编辑，常务副总编辑王利民，副总编辑余新华、李红岩、孙麾、李新烽。

《中国社会科学》三十五年的快速发展，得益于有一支优秀的编辑出版队伍。中国社会科学杂志社的编辑团队，从 1980 年的 42 人，成长到 2015 年的 300 余人；从 1980 年以四五十岁为主的中年编辑队伍，发展到 2015 年平均年龄 36 岁的年轻编辑团队；从 1980 年以本科、硕士为主的编辑队伍，成长为 2015 年以博士、博士后为主的编辑团队。

目前在职的编辑、记者中，绝大多数具有研究生学历和中高级职称，专业背景覆盖哲学社会科学各主要学科。这支队伍，始终坚持以马克思主义为指导，特别能战斗、特别能吃苦，秉承忠诚、敬业、奉献的职业精神，在实践中磨炼，在工作中成长，勤勤恳恳，任劳任怨，成为世界学术期刊阵营中一支出类拔萃的优秀编辑队伍，是《中国社会科学》成为"龙门刊物"的人才保障。

中国社会科学院秘书长、党组成员
中国社会科学杂志社总编辑高翔

中国社会科学杂志社常务　　中国社会科学杂志社　　中国社会科学杂志社　　中国社会科学杂志社　　中国社会科学杂志社
副总编辑王利民　　　　　副总编辑余新华　　　　副总编辑李红岩　　　　副总编辑孙麾　　　　　副总编辑李新烽

中国社会科学杂志社第一届职工代表大会

中国社会科学杂志社 1997 年工作会议

中国社会科学杂志社 2009 年暑期工作会议全体合影

中国社会科学杂志社 2015 年青年学者论坛

三、传承中华文明薪火 谱写社会主义华章

　　《中国社会科学》1999 年荣获首届中国社会科学院优秀期刊奖，2002 年、2005 年、2008 年分别荣获第二、三、四届中国社会科学院优秀期刊奖一等奖；1999 年、2003 年荣获新闻出版总署首届国家期刊奖、第二届全国百种重点社科期刊奖和第二届国家期刊奖；2010 年荣获第二届中国出版政府奖期刊奖。2013 年、2015 年荣获国家新闻出版广电总局"百强社科期刊"称号。

　　《中国社会科学》先后被北京大学图书馆选为 1992 年、1996 年、2000 年、2004 年、2008 年和 2011 年的"中文核心期刊"，同时连续多年被南京大学"中文社会科学引文索引（CSSCI）来源期刊"收录。据中国期刊网的读者使用情况，《中国社会科学》的下载总频次为 39930，网上影响因了为 69.9，高居综合类学术期刊之首，这以翔实的数据再次证明了《中国社会科学》在中国学术界无可争辩的学术影响及重要的学术地位。

　　2010 年 1 月 10 日，时任中国社会科学院党组书记、院长陈奎元为《中国社会科学》创刊三十周年题词："传承中华文明薪火 谱写社会主义华章"。

2010 年陈奎元为《中国社会科学》创刊三十周年题词

17

《中国社会科学》荣获首届中国期刊奖

《中国社会科学》1999年荣获首届中国社会科学院
优秀期刊奖

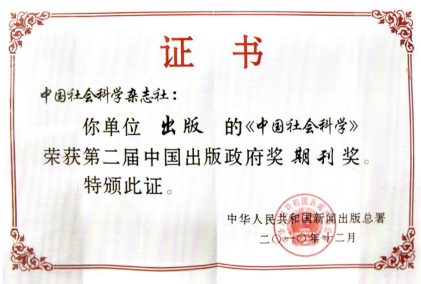

《中国社会科学》荣获第二届中国出版政府奖期刊奖

《中国社会科学》荣获第二届全国百
种重点社科期刊奖

第三章

时代进步的学术华章

《中国社会科学》是时代精神的学术见证，以学术的方式书写着时代的进步。

一本期刊最可宝贵的学术品格和最独特的使命，就在于以敏锐的学术眼光和广阔的世界历史视野，走在时代最前列，对时代进行反映、概括、建构和引领，将生动鲜活、蓬勃脉动的时代精神凝练在深邃的学术思考中，成为一个时代的见证者、引领者、推动者。

《中国社会科学》的发展历程与改革开放同步。从改革开放在古老中华大地上的蓬勃开展，到中国特色社会主义道路在世界上越走越宽广，从中国人民在现代化道路上的艰辛探索，到全国各族人民同心同德实现民族复兴中国梦的自信自强，《中国社会科学》一直将对时代的思考、国家的责任、人民的托付，作为自己最神圣的使命。

一、呼应改革大潮　推动学科重建(20世纪80年代)

1978年，党的十一届三中全会拉开了中国改革开放的历史序幕，党和国家的工作重心转移到以经济建设为中心的现代化建设上来。刚刚从十年"文革"灾难中走出来的中国哲学社会科学，迎来了百花齐放、百家争鸣的学术春天，《中国社会科学》的创刊，顺应了党和国家实现拨乱反正、重新恢复和确立实事求是的思想路线的时代要求，成为改革开放和现代化建设进程中一份重要的高水平学术刊物。

当时，学术百花园内百废待兴，各学科恢复、重建的任务极其繁重。《中国社会科学》的创办，极大地激发了学术界的热情，从耄耋之年的老学者，到年富力强的中青年学者，都投入到这一份新生的期刊队伍中来，《中国社会科学》呈现出欣欣向荣的景象。

改革开放的第一声号角是在农村吹响的。农业、农村、农民问题，涉及人口最多、地域最广，是我国现代化最根本、最关键的问题之一。《中国社会科学》刊发了大量研究农业和农村问题的论文，以及有关国情调研报告，对改革开放在农村结出的第一个硕果展开了热情洋溢而又实事求是的研究。

例如，1982年第6期、1983年第2期连续刊发了林子力《论联产承包责任制——中国社会主义农业合作经济的新形式》《论具有中国特色的社会主义农业发展道路》等长文，深入分析了农业变革的过程和趋势，认为这场历史性的伟大的变革，引起了农村经济内在生机的焕发，导致生产的方式和结构的更新，中国农业的社会化和现代化将由此开拓宽阔的道路。

随着改革开放的向前推进，经济领域和城市的改革也逐步走向深入。《中国社会科学》紧扣这一领域，邀请第一流的专家学者撰文进行研究，一时群贤毕至、众星云集。孙冶方、薛暮桥、蒋一苇、苏星、刘国光、卫兴华等学者，就经济体制改革、经济发展战略、经济科学发展、新科技革命战略、中

孙冶方（1908—1983）

孙冶方：《价值规律的内因论和外因论——兼论政治经济学的方法》，《中国社会科学》1980年第4期

国现代化道路等重大问题展开了深入探讨。

1980 年第 4 期刊发的孙冶方《价值规律的内因论和外因论——兼论政治经济学的方法》一文认为，价值规律不是商品经济所特有的规律，而是在任何社会化大生产中"根本不能取消的"规律，它不仅在社会主义社会，甚至在共产主义社会仍然起作用。

1983 年第 6 期刊发的刘国光《中国经济发展战略的若干重要问题》一文，从战略目标、发展速度与经济效益、平衡发展与不平衡发展、外延发展与内涵发展、物力开发与人力开发、内外关系以及经济体制等方面，对中国经济发展战略的转变做了宏观的通盘性研究。

改革伊始，各个学科百废待兴。邓小平同志 1979 年 3 月在《坚持四项基本原则》的报告中提出了社会科学需要补课的问题，"政治学、法学、社会学以及世界政治的研究，我们过去多年忽视了，现在也需要赶快补课"。

《中国社会科学》多方筹划，积极推动各学科发展。这一时期刊发的文章，学科丰富，内容丰富，题材广泛，很多文章对于学科恢复、重建、发展具有重要意义。

在社会学、民族学等领域，刊发了费孝通《关于我国民族的识别问题》、潘光旦《关于中国境内犹太人的若干历史问题》等文章。

在法学领域，刊发了张友渔《论健全社会主义法制》等文章。

在教育学领域，刊发了顾明远《论教育的传统与变革》等文章。

很多新学科的文章一经发表，即引发学界巨大反响。例如，1985 年第 2

费孝通（1910—2005）

费孝通：《关于我国民族的识别问题》，《中国社会科学》1980 年第 1 期

期发表林方的文章《评西方人本主义心理学——兼论经济改革中的某些心理学问题》，引起有关方面的关注，社会反响比较强烈。专家学者高度评价该文是"近年来看到的最好的心理学基本理论论文"，称赞是一篇"高水平的大作"。

1988 年第 1 期刊发了赵国华的《生殖崇拜文化略论》一文，产生了较大的社会反响。学界普遍认为"这是一篇有创见的好文章"，"此文为学术上一大突破，绝非过誉，必将在中国考古学、民族学、民俗学以及上古史、文化史等方面发生深远的影响"。

在现代化研究领域，罗荣渠发表了《建立马克思主义的现代化理论的初步探索》《论现代化的世界进程》等文章，在世界历史的广阔视野中，深入考察了现代化理论兴起和发展的历程，深入探究了现代化的实质、动力等重大问题，并富有远见地提出，"中国为探索自己的现代化道路进行了长达一百多年的斗争，现在正在进行社会主义现代化的宏伟实验。我国社会科学界在建立马克思主义现代化发展理论的过程中，完全有条件形成现代化研究中的中国学派"。

对农村改革的深入研究，对改革开放的高度关注，对学科恢复、重建的大力支持，构成了这一时期《中国社会科学》一条重要的主线索。

张友渔（1898—1992）

张友渔：《论健全社会主义法制》，《中国社会科学》1981 年第 6 期

罗荣渠（1927—1996）

顾明远（1929—　）

建立马克思主义的
现代化理论的初步探索

罗荣渠

本文从世界历史进程这一广阔背景上，深入考察了现代化理论兴起与发展的原因，并提出了建立马克思主义现代化理论的构想。作者首先对当前西方现代化诸理论进行了评介，指出它们都是对同问题的整体性拼析，但也展示了一些值得借鉴的内容，与此相关，作者考察了马克思主义关于现代化社会的三个发展阶段的内涵，作者认为，马克思、恩格斯早年取舍过社会形态更迭，得出发展的历史序列和发展的基本动力，出发有关于资本主义世界体系的系统理论，两个对马克思主义发展途径进行了生动体现阐述。最后，期大林模式"足千一律"，使这些理论遇到了困境。近些年来，社会主义国家中都普遍地加速经济发展并社会主义整体发展的建构，既是它或多不可忽视的原有地域上，通过显然容量整理阐说这里。作者认为，要建立马克思主义的现代化思想，还须对一整生大的理论进行探索，方面，作者就现代化研究的两条，现代历史进程与思想的三种基本方式去考察马克思主义对这一问题进行了自己的思。另一方面，作者就现代化理论体系的基本内容，提出了自己的一些初步假想。中国要现实自己的现代化增透了新一点一百多年的苦斗，深化这会主义现代化的实现就是建立马克思主义现代发展途径的适理中，完全有亲深源或为现代化研究中的中华学说。

作者罗荣渠，1927年生；1949年北京大学史学系毕业，现为北京大学历史系教授、世界现代化进程研究中心主任，主要著作有《商美开创世界大研究新思路前的几个问题》、《现代化理论与历史研究》、《欧美国资本与及间的发展》等。

在当前的新形势下，建立马克思主义的现代化理论已成为我国社会科学理论界的紧迫之急。本文试就有关这方面的几个问题谈谈自己的一些思想。

一、西方现代化理论和发展理论的启示

探讨和西方国家现代化问题的现代化理论和发展理论，是故后西方国家的社会科学家首先提出来的。但这些理论即使在西方学术界，反对者也大有人在。一个重要

· 39 ·

罗荣渠：《建立马克思主义的现代化理论的初步探索》，
《中国社会科学》1988 年第 1 期

论教育的传统与变革

顾 明 远

本文分析了我国教育传统形成的过程，并就如何科学地对待传统进行着思，树立新的教育观念，推进教育体制的改革。提出了探索性的见解。作者指出：在当代，教育观念已成为影响教育改革的重要的一切不适应社会主义现代化建设需要的教育思想，都有问不利教育方法。面其是教育负担某上某一个分段的流弊。本文，需要明从历史上这些千次年来实得传衍的作用我国的教育发达行着很好的传化。作者认为，我国有着优秀的教育传统，如果随思想须有自身，是应该地细味方法大衫，而一些优秀的传统有的教育效成，如贱就教育价值之话、回顾全们的人才观，经常实新技术的吸收收及强化的数学模式实行来得到，但应实在又义的指导下，树立主体社会主义现代化建设随各种的教育观念，会对的教育性，正确的人才现，以学识主程度的观念以对社的教学，并在实身某上、乘教育的育成，调整教育对的过，从来实教育行的，改善教育内容的教学可识别：以使进一步被现到素度理，更好地继源有优化理，有地得了文化的，

本文作者顾明远，1929年生，1956年是苏列对学研究生毕业，现为北京师范大学副校长、教授，国家院学位委员会学科评议组成员。撰有《教育学》、《论教育》、《鲁讯的教育思想与我国教育》，《现代生产与现代教育》等著作。

当前世界上的许多国家都在进行教育改革。1983 年 5 月美国发表了全国教育质量委员会的公开信《处境危险的国家：追切需要进行教育改革》；同年 6 月又成立了"文化与教育恳谈会"，着手进行第三次教育改革①；苏联于1984 年 4 月通过了《普通学校和职业学校改革的基本方针》的决定；1987 年 3 月21日公布了《高等和中等专业教育改革的基本方针》应有一些国家对教育业来得了或正准顺终采取某些改革措施，这

① 日本明治维新后都进行了第一次教育改革，二次大战后进行了第二次教育改革，目前正在进行的是第三次教育改革。

· 123 ·

顾明远：《论教育的传统与变革》，《中国社会
科学》1987 年第 4 期

二、深化理论探索　发展社会科学(20世纪90年代)

20世纪80年代末90年代初，苏联解体和东欧剧变使国际共产主义运动陷入低潮，以美国为首的西方发达国家加紧对中国实施"西化""分化"战略图谋。在云谲波诡的时代风云变幻中，中国高举邓小平理论伟大旗帜，坚定不移地走自己的路。建设中国特色社会主义这项前无古人的伟大事业，要求建设一支强大的哲学社会科学队伍，党中央高度重视哲学社会科学研究。

复杂多变的世界形势和改革开放历史进程的深化，激发了人们对人类文明发展道路、社会历史发展规律、社会主义建设规律、学术发展规律等重大理论和现实问题的深入思考。《中国社会科学》的发展，主要体现在以下三个方面：

第一，在持续关注改革开放的基础上，不断深化对社会主义市场经济的研究。《中国社会科学》1991年第1期刊发了薛暮桥《关于社会主义经济的若干理论问题》一文，引起经济学界热烈反响，当时经过争论得出我国应该实现经济体制和经营方式的"两个转变"的重要结论和深刻启示。

1992年第6期刊发了苏星《劳动价值论一元论》一文，在学术界引起了一次关于马克思劳动价值论现实意义的重要讨论。本次讨论是我国经济研究从政策层面深入到政治经济学层面的重要标志。

从1986—1993年，《中国社会科学》编辑部共召开了五次社会主义经济讨论会，适应了新时期改革发展的时代要求，在推动经济研究把主攻方向转向现实重大问题上，在发扬经济研究求实、求新、求真的学风上，在推广经济研究的新思想、新成果上，在团结作者、扩大稿源上，均取得了明显成效。

薛暮桥（1904—2005）

薛暮桥：《关于社会主义经济的若干理论问题》，《中国社会科学》1991年第1期

第二，深入研究邓小平理论，站在理论高度概括改革开放的成功经验。1994—1996年，《中国社会科学》开设"邓小平理论研究"专栏，共刊登了50余篇研究成果，其中胡绳《马克思主义是发展的理论》等文章，被认为"完整准确地阐述了邓小平理论"，"是对邓小平理论的权威性解释"，引起中外读者广泛关注。胡绳指出，建设有中国特色社会主义的理论和路线是马克思主义的社会主义建设学说在中国条件下的巨大发展。

1999年第2期刊发了李铁映《伟大的实践　成功的经验——纪念中国共产党十一届三中全会20周年》一文，系统总结了十一届三中全会以来改革开放的实践与经验，深入阐发了邓小平理论对改革开放的战略指导意义。

第三，倡导学术规范，在学科恢复、重建的基础上对各学科领域进行精细化研究。20世纪80年代，学术界面临的主要任务是恢复和重建，进入90年代，则日益强调学术规范，用精耕细作的方式推进学术研究。《中国社会科学》陆续设置了哲学、经济学、文学、语言学、法学、教育学、历史学、民族学、政治学、国际问题研究等学科，组织了读者评议、作者答辩、图书评介、学术通讯等栏目，不断推出重要成果，反映新时期的学术成就。

苏星（1926—2008）

苏星：《劳动价值论一元论》，《中国社会科学》1992年第6期

李铁映：《伟大的实践　成功的经验——纪念中国共产党十一届三中全会 20 周年》，《中国社会科学》1999 年第 2 期

《读者评议》，《中国社会科学》1980 年第 2 期

《中国社会科学》在国内学界较早地倡导学术规范，在学科恢复、重建的基础上对各学科领域进行精细化研究

三、倡导中国话语 构建中国学派 （新世纪以来）

进入 21 世纪，世界和中国都发生了广泛而深刻的变化，我们面临着前所未有的发展机遇，也面对着前所未有的挑战。党中央重视繁荣发展哲学社会科学。2002 年 7 月，江泽民同志视察中国社会科学院时强调，我们必须始终重视哲学社会科学，加快发展哲学社会科学。2004 年《中共中央关于进一步繁荣发展哲学社会科学的意见》发布。党的十七大对哲学社会科学作出新的论述，提出了新的要求，进一步明确了哲学社会科学的地位和作用，为哲学社会科学的发展指明了新的方向。

尤其是党的十八大以来，习近平总书记发表了一系列重要讲话，集中阐述了"四个全面"战略布局，深刻回答了新形势下党和国家事业发展的一系列重大理论和现实问题，贯通改革发展稳定、内政外交国防、治党治国治军等各个方面，内涵丰富、思想深刻、论述精辟，形成了一个既系统完整又开放包容的科学体系，为繁荣发展哲学社会科学研究提供了科学指南和根本遵循。

面对新的时代任务，《中国社会科学》自觉承担更重要的学术职能，为努力建构具有中国特色、中国气派、中国风格的学术话语体系，服务国家，升华文明，与国际学术展开平等而不失尊严的对话，不懈追求，不断探索。2012 年，《中国社会科学》成功改为月刊，发稿机制运行有序，学术质量稳中有升，学术影响和社会影响进一步扩大。

概括起来，这一时期的《中国社会科学》主要围绕着以下几条主线开展办刊工作：

第一，坚持正确的办刊方向，坚定不移地捍卫马克思主义的指导地位。在我国经济社会发展呈现新的阶段性特征，国内思想文化领域多样多变特征更加明显的背景下，《中国社会科学》旗帜鲜明地坚持马克思主义指导地位，坚持用马克思主义的立场、观点和方法指导办刊工作，与党中央保持高度一致。

2006 年第 6 期刊发了陈奎元《认真学习江泽民民主政治建设思想，巩固和发展我国的社会主义事业》一文，强调江泽民同志在领导中国特色社会主义建设的实践中，以唯物史观为思想武器，提出了一系列民主政治建设思想的新观点。文章指出，"我国的政治体制改革不断深化，国家、社会的面貌已经有很明显的改变，我国社会主义的根本政治制度和基本政治制度与时俱进，正在显示出自己的特色、魅力和优势"。

陈奎元：《认真学习江泽民民主政治建设思想，巩固和发展我国的社会主义事业》，《中国社会科学》2006 年第 6 期

2007 年第 2 期刊发了吴易风《产权理论：马克思和科斯的比较》一文，强调马克思用崭新的无产阶级世界观构建了产权理论大厦的主体工程，清晰呈现了资本主义生产关系及其产权制度将被公有制的经济关系和法权关系所代替的历史必然性和长期发展趋势。

2009 年第 1 期刊发了陶德麟《对马克思主义中国化研究中两个问题的理解》一文，提出马克思主义中国化研究中有两个基础性的问题：马克思主义中国化的可能性；检验马克思主义中国化成败得失的标准。

2012 年第 1 期刊发了姜安的论文《毛泽东"三个世界划分"理论的政治考量与时代价值》，深入阐发了毛泽东同志"三个世界划分"理论的当代价值。

2013 年第 12 期刊发了王伟光《毛泽东是中国特色社会主义的伟大奠基者、探索者和先行者》等重要文章，旗帜鲜明地肯定毛泽东同志的丰功伟绩，充分发挥了《中国社会科学》的学术引领、思想引领作用。

在十八届五中全会召开之际，《中国社会科学》2015 年第 10 期推出了王伟光撰写的重要文章《马克思主义中国化的当代理论成果——学习习近平总书记系列重要讲话精神》。文章强调，习近平总书记系列重要讲话科学地观察、分析、判断和把握国际复杂形势、发展趋势和客观规律，是顺应世界历史时代潮流的理论应答，同时鞭辟入里地分析国内形势，科学把握发展规律，顺国内发展大势而为，是指引中国特色社会主义发展的科学指南，是对中国特色社会主义理论体系的丰富、发展和创新。

王伟光：《马克思主义中国化的当代理论成果——学习习近平总书记系列重要讲话精神》，《中国社会科学》2015 年第 10 期

第二，自觉服务中国特色社会主义，大力推动全局性、战略性研究。《中国社会科学》以引领学术发展为己任，坚持把对重大理论问题和现实问题的研究放在重要位置。如2012年第7期刊发的李强、陈宇琳、刘精明《中国城镇化"推进模式"研究》等文章，是对当前经济和社会发展中具有战略性、全局性的重大理论问题的重要研究成果，为党和政府的决策提供了参考。

十八大召开之后，围绕十八大精神的宣传学习，《中国社会科学》在2013年第1期刊发了《十八大精神与中国特色社会主义》笔谈、在2013年第5期刊发了《生态文明与"美丽中国"》专题文章，约请卫建林、朱佳木、孙谦、江必新、万俊人、潘家华等著名理论家和学者，对十八大精神进行深入研究和解读。

第三，以引领中国学术发展为己任，推动交叉学科、新兴学科、边缘学科发展。《中国社会科学》并不仅仅满足于发表高水平的成熟的研究论文，而且要发掘、推出具有启迪意义的学术文章，引领学术发展。为了实现这一目的，《中国社会科学》于2007年率先举办"哲学与史学"学术对话会，推动两大学科的深度对话与融合，并随后举办了哲学与经济学、文学与史学、哲学与社会学等一系列对话会，打破学科藩篱，推动交叉研究。

在推动交叉学科、新兴学科、边缘学科发展等方面，《中国社会科学》也做了大量工作，有计划地扶持新兴学科和边缘学科的研究。如2012年第10期刊发了周昌乐《哲学实验：一种影响当代哲学走向的新方法》，第12期刊发了彭凯平、喻丰《道德的心理物理学：现象、机制与意义》等文章，对实验哲学、实验伦理学等前沿问题进行深入的探讨。

2012年第9期以"二十一世纪中国语言学研究的问题与方向"为题，邀请周建设、李宇明、唐贤清等学者深入研讨，对语言学等新兴学科予以重点扶持。

第四，努力建构中国学派，打造具有中国特色、中国风格、中国气派的学术话语体系。新中国成立60多年尤其是改革开放30多年来，中国经济社会发展所取得的巨大成就，在一定程度上改变了现有的全球发展观念，对各种西方理论和学说提出了巨大的挑战，为当代人文社会科学的发展提供了新的契机。《中国社会科学》敏锐地认识到，当代中国正处于历史上最好的发展时期，在这样一个伟大的时代，建构具有中国特色、中国风格、中国气派的学术话语体系，讲好中国学术故事，发出中国学派声音，正逢其时。《中国社会科学》精心组织"中国社会科学前沿论坛"等学术活动，引领学者为建构中国学术话语体系而不断努力。

《中国社会科学》2011 年第 2 期邀请吴晓明、郗正、瞿林东、郑杭生、曾令良等学者，围绕"中国学术话语体系的当代建构"这一话题进行深入研讨。学者们讨论认为，真正的学术，意味着能够正确表述并且真正抓住过程中的实质问题，并能够对它作出正确的理解、把握和阐述。深入到中国的社会现实，获得学术上的自我主张，正是当代中国学术的根本任务。

第五，推动中国学术"走出去"，与国际学术展开平等的、有尊严的交流。伴随着中国的和平崛起，中国的学术思想也应当在世界范围内重新兴起和广泛传播，与世界学术展开平等对话，为文明的交流互鉴提供中国式智慧。《中国社会科学》近年来致力于此，为之实施了大量举措。

从 2012 年至今，中国社会科学杂志社与美国维思里安大学联合举办了三届"中美学术高层论坛"，中美两国学者围绕"传统""启蒙""现代化"等主题展开学术探讨与思想交流。除此以外，《中国社会科学》还举办了"中德学术高层论坛""中拉学术高层论坛""世界华文学术名刊高层论谈"等国际论坛。这些高端国际论坛与国外学术界、期刊界形成了良好的互动机制，极大地拓展了刊物的国际视野，对于提升我国期刊的国际知名度，推动中国学术走向世界，具有重要意义。

承前启后，鉴往知来。纵览《中国社会科学》35 年的历史，尤其是总结近些年来的办刊实践和所刊发的重要文章，可以看到，改革开放和现代化建设的伟大实践，为中国学术 35 年来的发展，提供了深厚的源泉和不竭的动力，《中国社会科学》在时代铺展的广阔画卷上，体现了鲜明的学术特色，奏响了时代的学术强音。

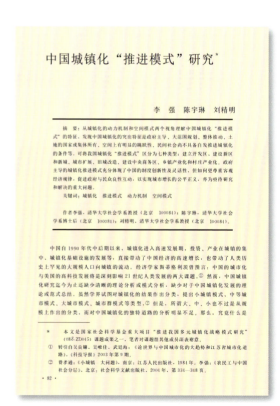

李强、陈宇琳、刘精明：《中国城镇化"推进模式"研究》，《中国社会科学》2012 年第 7 期

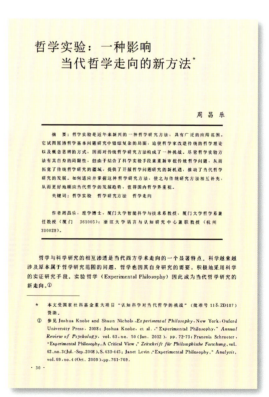

周昌乐：《哲学实验：一种影响当代哲学走向的新方法》，《中国社会科学》2012 年第 10 期

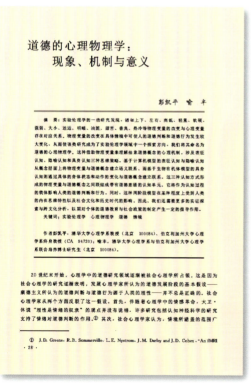

彭凯平、喻丰：《道德的心理物理学：现象、机制与意义》，《中国社会科学》2012 年第 12 期

SSCP

第四章

引领学术的坚定步伐

　　学术是时代精神的系统化、理论化表达，每个时代的更新嬗替，都会在精神领域留下丰厚的历史遗产和现实启迪。学术研究对这些精神素材进行高度提炼和总结，以科学、系统的方式反映时代的根本特征和变化规律，进而为国家、民族的发展进步与人民的幸福生活，提供理论资源和智力支撑。

　　35 年来，《中国社会科学》始终坚持引领学术发展、引领时代文明和社会进步。在她所刊发的文章中，人们可以鲜明地看到这种担当。《中国社会科学》对学术研究的引领，基于与哲学社会科学界的广泛联系和互动，基于对各种学术思潮的正确把握和深刻研究，基于对学术发展历史和逻辑的科学判断。《中国社会科学》始终坚持开门办刊，积极主办高端学术会议，主动同国内外学术机构、团体、学者交流互访，在各种形式的学术活动中发现优秀作者、培育重大稿件、引领学术发展、推动文明进步。

一、精心组织学术会议

学术会议是学者交流观点、碰撞思想、共享信息的重要平台，也是学术刊物设置研究议题、推动学术发展的重要方式。《中国社会科学》自创刊以来，一直致力于组织高端学术会议，众多论坛和研讨会已经成为相关学科领域极具号召力和影响力的学界盛事。

综合性学术会议

自 2007 年起，中国社会科学杂志社作为常设主办单位发起和创办了"中国社会科学前沿论坛"。该论坛主要邀请我国重要科研机构的学术领军人物参加，围绕前沿主题，展开有思想深度、打破学科壁垒和学科门类的对话，切实发挥对当代中国学术的引领和推动作用。

对于该论坛，有学者评价，改革开放三十多年来，中国哲学社会科学事业实现了巨大发展，在这一历史进程中，中国社会科学前沿论坛发挥了特殊的、不可取代的重要作用。这体现在：

第一，前沿论坛把中国特色、中国风格、中国气派作为主导价值诉求，为中国学术、中国文化走向世界带来了巨大的品牌效应，成为中国学术走向世界的重要标志。第二，前沿论坛在中国学术界产生了独特的、巨大的影响，一方面它以高度的思想自觉、强大的学术自信、高度的目标自律，整合了中国高校和科研机构的学术、人才和思想资源；另一方面，它统合了哲学社会科学不同门类、学科、专业、领域的优质资源，推动了当代中国社会科学的协同创新。第三，前沿论坛具有国际化的视野、全球性的高度，立足于中国社会发展尤其是哲学社会科学发展的现实基础，关注的是重大理论和现实问题，因而成为哲学社会科学界影响最大、引领性最强、水平最高的高峰论坛。

2014 年，当《中国社会科学》在筹划第八届前沿论坛时，中央正在着力"推进国家治理体系和治理能力现代化"。积极探索和深入研究这一重大课题，很快成为哲学社会科学界的重要学术使命。《中国社会科学》积极发挥学术引领作用，把这次论坛主题设置为"社会转型与国家治理"，来自全国近五十所著名高校和科研机构的七十余位代表出席会议并围绕会议主题进行了深入研讨。

与会学者认为，党的十八届三中全会将完善和发展中国特色社会主义制度，推进国家治理体系和治

2007 年首届中国社会科学前沿论坛在北京召开

2013 年第七届中国社会科学前沿论坛在吉林延吉召开

2014 年第八届中国社会科学前沿论坛在广东清远召开

2015 年第九届中国社会科学前沿论坛在四川成都召开

理能力现代化，确立为全面深化改革总目标。这是以习近平同志为总书记的新一届中央领导集体把握时代特征，秉承历史使命，梳理古今中外治政得失，统揽党和国家发展全局做出的重大决策，是对我们党治国理政思想的重大创新，是对中国特色社会主义理论宝库的重要贡献，是对马克思主义国家学说的丰富和发展。

2015 年 9 月，中国社会科学杂志社又与四川大学在成都共同主办了第九届中国社会科学前沿论坛。本届论坛聚焦"新型智库建设与哲学社会科学研究"。当前，全面建成小康社会进入决定性阶段，破解改革发展稳定难题和应对全球性问题的复杂性、艰巨性前所未有，智库建设的重要性被提升至空前的高度。在本届论坛上，来自全国著名高校、科研机构的领军学者群策群力，共同为加快中国特色新型智库建设出谋划策。

学科基础理论会议

《中国社会科学》联合科研机构举办的学科基础理论论坛，是各领域研究人员深入探索重大问题的高端交流平台。2001 年到 2015 年间，由中国社会科学杂志社联合全国马克思主义哲学研究机构共同创办的"马克思哲学论坛"已连续举办十五届，在学术界享有盛誉，对引导和推动当代中国马克思主义哲学研究的深入开展，促进中国化马克思主义哲学的发展，发挥了重要作用。

中国社会科学杂志社发起并主办的"历史学前沿论坛"，自 2007 年至今已连续举办九届，该论坛已成为促进当代中国史学发展的重要平台，相关论文择优在《中国社会科学》《历史研究》刊发后，产生了良好的学术反响，为构建当代中国史学话语体系，作出了积极的贡献。

跨学科学术会议

在经济全球化、信息化的时代背景下，哲学社会科学领域各学科的相互渗透与依赖不断加强，没有哪个学科还能够纯粹依靠自身力量解决重大理论和现实问题，学科的进步越来越得益于其他相关学科取得的成果。打破学科壁垒，推动学科交流，从多学科视域发现问题、观察问题和研究问题，成为学术发展的必然要求。

《中国社会科学》顺应这个大趋势，发起主办"中国社会科学跨学科论坛"，邀请哲学、社会学、经济学、法学、历史学等不同学科参与讨论，展示不同学科的理论视野和解决路径；同时，还多次召开中西马、文史哲等不同学科的小规模高端对话。其中一些跨学科对话由《中国社会科学》倡导后，很快成为相关学术领域引人注目的热门话题，为学术研究带来新的视野和大的突破。

新兴学科、边缘学科学术会议

《中国社会科学》历来重视和鼓励新兴学科、边缘学科的发展，积极通过各种方式为这些学科的建设提供机遇和平台。在语言学领域，精心主办"中国语言学研究方法与方法论问题学术讨论会"。语言能力是中国国家治理能力的重要组成部分，也是治理能力的重要体现，在中国历史发展进程中，语言文字研究一直与国家治理紧密相关。从秦统一六国开始，历朝历代的统治者都重视"书同文，车同轨"，大力推进语言与文字的统一，从而为国家治理奠定重要基础。

在国际关系学领域，《中国社会科学》积极召开"国际关系研究方法研讨会"，广邀各高校和科研机构的专家学者，就中国国际关系理论研究现状和研究方法进行深入讨论。会议在学界引起强烈反响，成为中国国际关系学发展历程中的重要里程碑。

2007 年第七届马克思哲学论坛在江苏苏州召开

2013 年第十三届马克思哲学论坛在北京召开

2007 年第七届马克思哲学论坛代表合影

2008 年第二届历史学前沿论坛在广东广州召开

2011 年第五届历史学前沿论坛
在山东济南召开

2014 年第八届历史学前沿论坛
与会专家合影

2015 年第九届历史学前沿论坛在江西南昌召开

二、主动设置学术选题

　　选题设置是学术期刊发挥引领作用的重要方式，既包括以主题策划、项目追踪、编辑约稿的方式，引导学者从事相关方面的研究，提交相关方面的论文，也包括通过发表高水平文章，激发作者进一步研究的潜力，甚至带动其他学者进入相关研究领域。

　　1986 年 8 月，《中国社会科学》组织召开"社会主义商品经济理论讨论会"，为学术界讨论社会主义商品经济的根源、特征和规律，提出很多有益的选题，集中带动了对社会主义商品经济的研究热潮。

　　2006 年 12 月，"马克思主义理论创新与当代中国实践"座谈会在北京举行。会议就深入推进马克思主义理论创新，坚持和加强马克思主义的指导作用进行研讨，强调要将《中国社会科学》办成反映当代中国马克思主义最新成果的理论刊物。

　　有学者指出，《中国社会科学》必须高度重视马克思主义研究，高度重视刊发理论和实践相结合的高水平的马克思主义研究论著，不断提高刊物的学术质量。各编辑室要尽可能多地关注马克思主义研究学者，尽可能多地培养青年马克思主义学者，尽可能多地组织发表高水平的马克思主义研究论著，不断推动马克思主义理论向前发展。

　　这次会议，向马克思主义理论研究提出许多新的选题和要求，对马克思主义实践的开展注入新的生机和活力，使马克思主义在创新性发展中不断推出中国化成果。

1986 年社会主义商品经济理论讨论会专家合影

《中国社会科学》先后就中国道路、中国学术话语体系建构、生态文明建设等重要学术选题，组织学者深入研究

三、积极培育优秀稿件

《中国社会科学》一直坚持开门办刊，积极走进高校、科研机构，召开办刊座谈会，了解广大学者研究情况，听取专家意见建议，与之建立长期联系，不断培育优秀稿件，提高期刊学术影响。

1985年8月，中国社会科学杂志社组织举办第二届全国哲学学术思想交流会。会议宗旨是以文会友，集思广益，为哲学的发展进行学术交流。此次会议创造的"学术思想交流会"形式，受到参会学者热烈欢迎，此后成为《中国社会科学》培育稿件的重要方式。

面对党和国家向哲学社会科学界提出的重大选题，《中国社会科学》密切联系学界，召开学术会议，培育重大稿件，及时回应国家和社会的理论需要。当中央提出"加强法学基础理论研究，形成完善的中国特色社会主义法学理论体系、学科体系、课程体系"的要求时，中国社会科学杂志社在2015年1月及时主办了"首届法学前沿论坛"。会议为培育法学方面的稿件，为完善中国特色社会主义法学理论体系，为回应依法治国的理论要求作了充分动员和重要推进。

有学者谈到，法学界要在全面推进依法治国、建设中国特色社会主义法治体系中释放正能量，首先要致力于中国特色社会主义理论的创新和发展。推进法治理论创新和发展，要深刻领会把中国特色社会主义法治理论作为中国特色社会主义法治道路核心要义的理论依据的深远意义，正确处理好汲取中华法律文化精华、借鉴国外法治有益经验的问题，绝不能照搬外国模式，要认真对待人类社会法治发展的一般规律和法治中国建设的特殊规律，科学分析中国社会主义法治建设的丰富经验和深刻教训，在此基础上，进行中国特色社会主义法治理论的体系建构。

第二届全国哲学学术思想交流会在贵阳举行

这次会议是由《中国社会科学》杂志编辑部、贵州省社会科学院和贵州省哲学社会科学联合会联合召开的。参加会议的有来自全国各地的从事哲学教学、哲学研究和理论宣传工作的代表80人。会期八天（1985年8月1日至8日）。会议的宗旨是本着学术探讨自由的精神，以文会友，集思广益，为在哲学上发展马克思主义而进行学术思想交流。

会上交流了哲学各科的论文30篇，它们是会议从全国征集到的100多篇论文中精选出来的，在一定程度上反映了近年来广大哲学工作者在坚持和发展马克思主义哲学上所作的努力和取得的新成果。

会议注重实效，废除繁文缛节，不设主席团，不搞简报，不发纪念品，必要的仪式所占的时间也压缩到最低的限度。会议第一天上午就开始学术交流，在树立新的会风方面作了有意义的尝试。　　　　（黔理）

第二届全国哲学学术思想交流会报道（载《国内哲学动态》1985 年第 10 期）

2015 年首届法学前沿论坛在北京召开

四、着力培养学术人才

《中国社会科学》在审稿和用稿上坚持对所有作者不分资历、不看背景、一视同仁，不为作者的地位、职称、级别等因素左右。它关注老专家、老学者，努力促使其焕发新的学术生命，也为中生代学者提供最好的学术平台，更注重鼓励和培养新生代学者。1982 年，《中国社会科学》召开"青年社会科学工作者座谈会"，与会的 44 名代表来自全国 13 个省市，是青年社会科学工作者的杰出代表。

1984 年，《中国社会科学》举行青年作者优秀论文发奖大会，评奖委员会从刊物发表的 300 篇论文中，评定出 13 篇论文获得"优秀论文奖"。大会后接着召开了为期一天半的"青年社科工作者座谈会"，座谈会主题为："在我国体制改革和世界技术革命的新形势下，哲学社会科学如何在马克思主义指引下发明创新，更好地为我国的社会主义现代化服务"，这次会议为青年社科工作者提出了新的研究任务和研究方向。

《中国社会科学》始终致力于培养青年作者。以改刊后的《中国社会科学》为例，2012 年刊发文章 129 篇，共有作者 178 人，其中具有正高级职称的作者占总数的 72%，具有副高级职称的作者占总数的 13%，在校生（包括博士后、博士研究生、硕士研究生）占作者总数的 8%，其余作者占 7%；2013 年共有作者 183 人，其中具有正高级职称的作者占总数的 63%，具有副高级职称的作者占总数的 17%，在校生（包括博士后、博士研究生、硕士研究生）占作者总数的 15%，其余作者占 5%；2014 年共有作者 178 人，其中具有正高级职称的作者占总数的 67%，具有副高级职称的作者占总数的 12%，在校生（包括博士后、博士研究生、硕士研究生）占作者总数的 13%，其余作者占 8%。可见，《中国社会科学》始终注重培养青年学术人才，不断推出新人新作，努力成为当代中国学术研究带头人的重要培养平台。

1982 年青年社会科学工作者座谈会与会专家合影

1984 年《中国社会科学》青年作者优秀论文发奖大会

2015 年第二届青年史学家论坛在天津召开

五、引领世界华文期刊

在时代与学术的发展过程中，《中国社会科学》始终站在历史与学术的制高点，不断探索办刊规律，创新办刊举措，以一流学术期刊的理论担当，引领全世界华文学术期刊的繁荣发展。

《中国社会科学》编辑部创办了一年一届的"全国综合类人文社科期刊高层论坛"，在学术期刊界乃至学术界影响广泛，对推动学术期刊的自身建设，引导学术期刊积极参与哲学社会科学的繁荣发展发挥了重要的、建设性的作用。2012年，该论坛更名为"全国人文社会科学期刊高层论坛"，吸收部分有影响的高校学报和专业期刊参加，实现了人文社会科学综合类期刊与高校学报、专业期刊的多元互通对话。在首届"全国人文社会科学期刊高层论坛"上，《中国社会科学》《中国人民大学学报》等65家与会期刊签署了《沈阳宣言》，在学术期刊加强自律共同抵制学术不端行为方面跨出了历史性的一步。

《中国社会科学》不仅注意加强与内地学术期刊的交流，同样重视与港澳台地区的期刊展开交流合作。从1988年2月，应中国民主同盟中央邀请，派人赴香港参加学术会议，到2007年9月，赴台湾出席"基调与变奏：七至二十世纪的中国"学术研讨会，再到2013年1月，赴澳门参加"第三届澳门人文社会科学研究优秀成果奖"……这些都是两岸四地学术交流频繁的见证。由中国社会科学院台港澳学术交流委员会、中国社会科学杂志社发起主办的"两岸四地学术名刊高层论坛"，先后在黑龙江、澳门、台湾、香港等地举办，众多学术期刊主编汇聚一堂，为学术期刊的发展共商大计。在社会变革大潮的冲击下，学术期刊如何站在时代的前沿，更好地肩负起推动中国特色哲学社会科学繁荣发展的历史使命，是两岸四地学术期刊最关注的问题。第二届"两岸四地学术名刊高层论坛"就此问题展开深入探讨，会议签署《打造中文学术名刊，推动两岸四地学术发展》的"澳门共识"，成为我们回应时代挑战的重要探索。

《中国社会科学》还与国外华文期刊也保持着良好合作和交流，分别在俄罗斯、澳大利亚、加拿大召开过"世界华文学术名刊高层论坛"。来自各个国家的华文学术名刊代表、海外中国学研究专家齐聚一堂，为推动知识传播与文明对话进行多角度的深入研讨。

2012 年首届全国人文社会科学期刊高层论坛在辽宁沈阳召开

沈 阳 宣 言

　　数字化、网络化的迅猛发展以及市场意识向学术领域的渗透，深刻地影响了原有的学术生态环境，对不良学术风气的蔓延起到一定程度推波助澜的作用。作为学术活动主体的学术期刊如何加强自律、抵制各种诱惑，维护期刊的声誉，在匡正学术风气、净化学术环境中发挥导向作用，无疑是学术期刊办刊人面临的严峻挑战。为此，由中国社会科学杂志社发起，参加首届全国人文社会科学期刊高层论坛的数十家学术期刊响应，就增进期刊自觉意识、共同维护正常的学术生态环境达成如下共识：

　　一．签署本声明的期刊是一个学术共同体，共同体成员承诺加强期刊自律，坚守职业道德，树立学术尊严。

　　二．坚决抵制期刊"互引""互转"等学术不端行为，坚决抵制无视期刊质量，以牟利为目的的乱收版面费的腐败现象，让期刊回归学术公器之本质。

　　二．建立期刊学术诚信档案，签署本声明的学术期刊若发生上述不端行为，将受共同体成员一致谴责，以树立讲诚信、守规范的学术风气，推动良好学术环境的建立。

2012 年 9 月 14 日

在首届全国人文社会科学期刊高层论坛上，与会期刊代表
签署《沈阳宣言》

2013 年第二届全国人文社会科学期刊高层论坛在江苏无锡召开

2009 年第二届两岸四地学术名刊高层论坛在澳门召开

2010 年第三届两岸四地学术名刊高层论坛在台湾台北召开

2015 年 6 月高翔同志向澳门大学副校长马许愿赠送纪念品

2009—2012 年两岸四地学术期刊高层论坛"宣言"

2012 年首届世界华文学术名刊高层论坛在俄罗斯莫斯科召开

2013 年第二届世界华文学术名刊高层论坛在澳大利亚悉尼召开

六、主导国际学术对话

《中国社会科学》自创刊伊始，就极为重视同国际学术机构、团体的交流和互访。一方面有的放矢地请进来，邀请世界各地知名学者到杂志社访问、讲座，一方面创造条件有计划、有步骤地走出去，积极同国外的大学和学术机构展开交流合作。通过这些活动，努力引领中国学术界建设具有鲜明中国特色、中国风格、中国气派的哲学社会科学创新体系，在世界发出中国学术的声音，与以美国为代表的西方学术展开平等的、有尊严的对话。

《中国社会科学》一直致力于将自身建设成为中国学术和其他国家学术展开对话和交流的重要桥梁，努力推动不同文明的相互尊重与理解，维护世界文化的多样性。除不定期的学术交流活动外，中国社会科学杂志社还与国外的大学、科研机构联合主办定期的国家层面的学术高层论坛，比较典型的有：中美学术高层论坛、中德学术高层论坛、中拉学术高层论坛。

中美学术高层论坛自 2011 年开始，每两年召开一次，为高层次、小规模的学术研讨会，与会者为中美两国具有重要影响的资深学者，由中国社会科学杂志社和维思里安大学轮流承办。美国是世界上最大的发达国家，也是西方学术的重要中心。中国是世界最大的发展中国家，具有源远流长的学术历史和深厚的学术传统。新中国成立以来，中国的发展在一定程度上改变了全球发展观念，为世界学术提供了内容最丰富、最具有挑战性的研究课题，中国马克思主义学术的兴起和发展，为世界文明提供了独特而丰富的内容。因此，"中美学术对话"在某种程度上也代表着发达国家与发展中国家的学术对话，对于增进不同发展水平、不同历史文化、不同制度体系间的理解与合作具有重要意义。

中德学术高层论坛由中国社会科学杂志社和德国波恩大学应用政治研究院联合主办。虽然中国和德国在政治制度、文化传统、经济发展阶段以及意识形态上有诸多不同，但两国在现代化发展过程中都走出一条有别于英美的成功之路，双方都是现代化模式的一个重要维度。两国学者汇聚一堂，共同交流研究心得，对双方处理共同面临的未来发展问题大有裨益。中德学术高层论坛现在已经成为两国学术界深入交流的新的里程碑，也是《中国社会科学》积极构建中国学术话语体系，传播"中国声音"，讲好"中国故事"的重要成果。

中拉学术高层论坛是由中国社会科学院中国社会科学杂志社和拉丁美洲研究所共同发起创办的高层次年度学术论坛。最近十年，中国与拉美的关系取得了跨越式发展。中国与巴西、阿根廷、墨西哥、智利、委内瑞拉等国相继建立战略伙伴关系，双边高层互访不断；中拉经贸关系获得了突飞猛进的发展，中国对拉美的投资空前提高；中国与拉美主要大国在"金砖国家"、二十国集团、联合国气候大会、构建命运共同体等国际多边场合加强磋商、相互支持。围绕着推动中拉学术交流、促进中拉关系发展这一重要命题，中拉学术高层论坛在思想学术和文化领域进行了深入对话与合作，展开了坦诚而富有建设性的对话和讨论。

1983 年 5 月 14 日联合国教科文组织《国际社会科学》主编彼得·伦吉尔率代表团来访

1982 年罗马尼亚《历史年鉴》编委会代表访问杂志社，
并向时任总编辑黎澍赠刊

1983 年时任总编辑丁伟志会见联合国教科文组织代表

2011 年首届中美学术高层论坛在北京召开

2011 年首届中美学术高层论坛与会专家合影

2013 年第二届中美学术高层论坛在美国康涅狄格州米德尔顿召开

2015 年第三届中美学术高层论坛在广西桂林召开

2012 年首届中拉学术高层
论坛在巴西圣保罗召开

2013 年第二届中拉学术高层论坛
在北京召开

2013 年首届中德学术高层论坛在广东中山召开

2014 年第三届中拉学术高层论坛在智利圣地亚哥召开

2014 年第二届中德学术高层论坛在德国波恩举办

与《中国社会科学》相呼应，*Social Sciences in China*（《中国社会科学》英文版）同样在倡导建构中国学派、引领国际学术对话、加强国际学术交流、推动中国学术走向世界等方面做了大量扎扎实实的努力，成为中国学术"走出去"的重要桥梁。

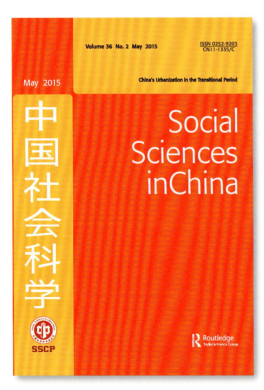

Social Sciences in China（《中国社会科学》英文版）2015 年第 2 期

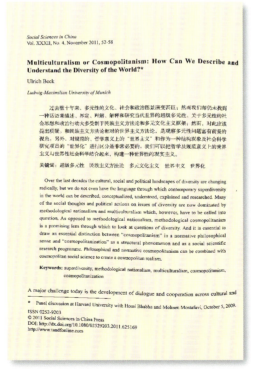

乌尔里希·贝克：《多元文化主义 vs. 世界主义：理解世界多样性的方法》，*Social Sciences in China*（《中国社会科学》英文版）2011 年第 4 期

秦亚青：《国际关系理论的核心问题与中国学派的生成》，*Social Sciences in China*（《中国社会科学》英文版）2005 年第 4 期

第五章
弥足珍贵的历史经验

　　我们生活在一个伟大的时代。这是一个开启改革开放、开拓中国特色社会主义事业新局面、实现中华民族伟大复兴中国梦的时代；这也是一个世界政治经济经历巨大变迁、社会主义中国日益引起国际关注的时代；这更是一个理论不断创新、学术持续繁荣、思潮相互激荡的时代。伟大的时代，呼唤伟大的学术。《中国社会科学》就是在这样一个伟大的时代应运而生，并在这个时代的浸润下一步步地茁壮成长。

　　《中国社会科学》作为中国哲学社会科学的"龙门刊物"，肩负着不同寻常的历史使命。坚持和发展马克思主义，引领中国学术不断进步，推动中国哲学社会科学走向世界，一直是《中国社会科学》不变的学术追求。35年里，在数代办刊人的精心呵护和辛勤付出下，《中国社会科学》始终发挥着应有的学术引领作用，留下了弥足珍贵的历史经验。

一、始终坚持马克思主义的指导

马克思主义是中国学术的旗帜与灵魂。坚持马克思主义理论与中国实际相结合，创造性地发展马克思主义，是建党 90 多年来中国革命、建设和改革的宝贵经验。

习近平总书记明确指出："90 年来我们党所以能够不断发展壮大，所以能够带领人民创造举世瞩目的伟业，一个根本原因，就在于始终坚持科学理论的指导，坚持把马克思主义基本原理同中国革命、建设、改革的具体实际相结合，不断推进马克思主义中国化，实现了党的指导思想和基本理论的与时俱进。"中国人民在马克思主义指导下所取得的巨大成就，决定了中国的哲学社会科学研究必须始终坚持以马克思主义为指导。

《中国社会科学》35 年来，始终旗帜鲜明地坚持马克思主义的指导，强调以透彻的说理、严密的论证、充分的证据来突出马克思主义的理论说服力和现实解释力，彰显马克思主义学术的强大生命力。

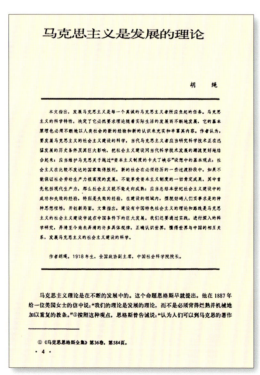

胡绳：《马克思主义是发展的理论》，《中国社会科学》1995 年第 2 期

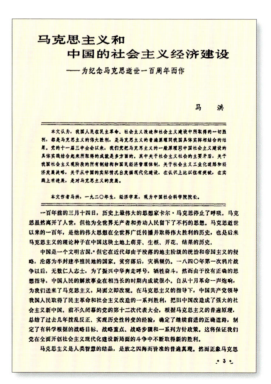

马洪：《马克思主义和中国的社会主义经济建设——为纪念马克思逝世一百周年而作》，《中国社会科学》1983 年第 2 期

二、始终服务中国特色社会主义

中国特色社会主义是一项前无古人的伟大创举，如何解放思想、突破思想桎梏，丰富中国特色社会主义理论体系；如何实事求是地正视各种实践问题，有效应对中国特色社会主义道路面临的挑战；一直贯穿三十多年改革开放的历史进程。沐浴在改革开放春风中的《中国社会科学》，始终以中国特色社会主义的重大理论与现实问题为主攻方向，积极为开拓中国特色社会主义事业新局面提供智力支持和精神动力。

党的十八大以来，以习近平同志为总书记的党中央，高举中国特色社会主义伟大旗帜，提出"四个全面"战略布局，带领全国人民开创了党和国家事业的崭新局面。在新的战略机遇期，中国学术要达到新的思想高度，要赢得世界学术的话语权，为人类文明的发展作出贡献，就必须在十八大精神指引下，树立高度的理论自觉和理论自信，站在时代的制高点和历史的制高点，持续推进重大理论和现实问题研究。

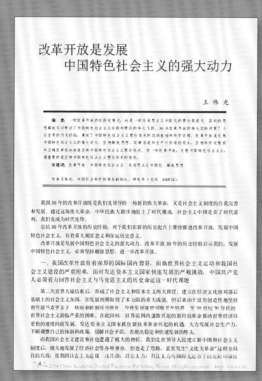

王伟光：《改革开放是发展中国特色社会主义的
强大动力》，《中国社会科学》2008 年第 5 期

张明军、陈朋：《中国特色社会主义政治发展的实践前提
与创新逻辑》，《中国社会科学》2014 年第 5 期

三、构建中国特色学术话语体系

中国历史源远流长，在五千多年的文明史上，中国创造了极为丰富的物质成就，也创造了辉煌璀璨的文明成果，为世界知识宝库贡献了饱含中国特色的思想与智慧。曾几何时，中国在思想文化领域长期引领世界潮流，吸引着西方思想家、哲学家的持续关注。然而，1840 年鸦片战争以后，中国的发展落后于西方。只有中国共产党带领中国人民，在马克思主义的理论武装下，实现了民族独立与人民解放，建立了崭新的中华人民共和国，开启了实现民族伟大复兴的光明之路。

新中国成立六十多年来，经过艰苦的探索，中国成功走出一条中国特色社会主义道路，国家综合实力、人民生活水平、中国国际地位都发生了天翻地覆的变化，创造了令世人惊叹不已的"中国奇迹"。中国道路是一条前无古人的道路，蕴含着丰富的中国智慧和中国经验，展示出一条不同于西方的独特发展道路。置身于当代中国的历史巨变之中，我们没有理由不坚持道路自信、理论自信、制度自信。

从学术层面来讲，构建有中国特色的学术话语体系，塑造与中国国际地位相匹配的大国学术形象，不仅具备了深厚的历史底蕴和实践基础，也是我们所处的社会转型时代的理性召唤。构建中国特色学术话语体系，首先要着眼于六十多年来中华大地发生的沧海桑田般的变化。六十多年的中国道路，不断演绎着属于中国的独特价值与发展理念，为中国特色学术话语体系的构建提供了取之不竭的思想资源。

中国学术话语体系的当代建构

吴晓明　郝　正　瞿林东　郑杭生　曾令良

编者按：新中国成立60年尤其是改革开放30年来，中国经济社会发展所取得的巨大成就，在一定程度上改变了现有的全球发展观念，对各种西方理论和学说提出了巨大的挑战，为当代人文社会科学的发展展现了新的契机。为创立时代性的挑战和经济社会发展的需要，推动具有中国特色、中国风格、中国气派的人文社会科学学术体系的建构，中国社会科学杂志社先后与西北大学、黑龙江大学联合举办了"第三届中国社会科学前沿论坛"（2009年9月，西安）、"第四届中国社会科学前沿论坛"（2010年8月，伊春），围绕"中国学术话语体系的当代建构"这一话题展开讨论。根据两届论坛的研讨情况，我们组织了这组专题文章。

复旦大学哲学学院吴晓明教授认为，中国学术话语体系之当代建构的核心之点在于，当今的学术话语如何能够深入于我们的历史性实践所开启的种种内容之中，从而使过样的内容能够被真正的思想所把握，并能够以学术的方式被表现出来。西林大学哲学基础理论研究中心郝正教授认为，当代哲学主题与话语系统应随文化发展的要求表现对时代变，应从文化反思与批判入手，从建构具体的文化理念入手，从文化承传与文化创新入手，探索新的民族精神。北京师范大学历史学院历史研究所瞿林东教授认为，当代中国史学话语体系的建构，应在对马克思主义唯物史观的认识的基础上，构筑中国史学话语体系的"骨骼"；加强对中国史学遗产的研究。作为中国史学话语体系的重要资源；以广阔的视野、开放的心胸和气度，借鉴和吸收国外史学的优秀成果，以充实和丰富中国史学话语系统。中国人民大学社会学理论与方法研究中心郑杭生教授认为，中国社会学在大力推进社会本土化，在创造学术话语，把握学术话语权方面，走过了从不自觉到自觉的长期探索之路，更好地掌握哲学社会学话语权，并在理论上、学术上达致学术话语权的制高点。过是中国社会学从世界学术格局边缘走向中心的一个必由之途。武汉大学国际法研究所长江学者特聘教授曾令良认为，当代中国国际法学话语体系的构建，一方面既系统反映当代国际法，国际法学和国际法学话语体系的基本内容和基本特征，另一方面更全面、准确、及时体现1949年以来，尤其是改革开放30余年来，对国际法、国际法学和国际法学话语体系所作出的创造性贡献。

《中国学术话语体系的当代建构》，《中国社会科学》2011年第2期

吴晓明（1957—　）　　郝正（1957—　）　　瞿林东（1937—　）　　郑杭生（1936—2014）　　曾令良（1956—　）

四、推动中国社会科学走向世界

经过 60 多年的发展，已然成为世界第二大经济体并在国际事务中发挥日益显著作用的中国，已经站在了新的历史起点上。在举国共铸中华民族伟大复兴中国梦的今天，将中国学术推向世界，建立与大国地位相称的大国学术，成为新时期中国哲学社会科学发展的必然要求和历史趋势。

新中国成立 60 多年来的中国哲学社会科学发展，虽然经历过曲折与反复，但总体上呈现出一种不断进步的发展态势。特别是改革开放 30 多年来，中国哲学社会科学各个学科在反思性重建的基础上，与国际学术对话、交流，开展了大规模的学科建设与学术创新运动。各个学科建立了相当齐全的学科门类，培养了一支老中青相结合的学术梯队，为中国哲学社会科学走向世界创造了坚实的学术基础。与国际主流学术界展开坦诚、平等而有尊严的学术对话，是迈向新世纪的中国哲学社会科学的新的发展方向。

推动中国学术走向世界，首先要主动走出国门，与国际学术界展开平等的学术对话。《中国社会科学》自创刊之日起，就重视与国际学术界的交流。特别是近 10 年来，《中国社会科学》为推动中国学术走向世界作出了全面的战略布局。

《中国社会科学》发起创办了中美学术高层论坛、中德学术高层论坛、中拉学术高层论坛等学术论坛，涵盖世界主要学术地区，经过多年的发展，目前已经成为品牌学术论坛。《中国社会科学》凭借其在中国学术界的广泛影响力，为中国学者与国际学者的对话搭建了学术舞台，并在学术对话的过程中，向国际学术界传播了中国学者的声音。

推动中国学术走向世界，关键要提高学术议程的设置能力。议程设置能力是一国学术影响力的典型体现。只有当中国设置的学术话题受到国际学术界的高度重视，我们才能说，中国学术真正地走向了世界。《中国社会科学》发起创办的品牌学术论坛，每一届的学术讨论议题，都经过精心的策划。

《中国社会科学》策划的学术议题，侧重于关注影响人类文明进程的重大议题，如"传统""启蒙""现代化"等。这些议题，既深刻影响了世界历史的进程，又是当今社会无论东西方世界都无法回避的重大理论与实践问题，关乎着人类文明的未来走向。通过设置这样的学术议题，中国学者对历史、现实与未来的思考与展望，以面对面的近距离方式，向国际学术界展现了中国对世界的认识水平。

高翔总编辑与哈佛大学柯伟林教授交谈

中国社会科学杂志社代表团访问俄罗斯科学院远东研究所

中国社会科学杂志社代表团与德国波恩大学顾彬教授会谈

中国社会科学杂志社代表团访问加拿大不列颠哥伦比亚大学

五、肩负起引领学术未来的使命

引领学术，是一份优秀学术期刊的标志。学术的发展与进步，不仅与学术研究者的理论自觉有关，也与学术期刊的学术导向息息相关。《中国社会科学》是带着神圣的学术使命诞生的，她的诞生，本身就是为了打造中国哲学社会科学的"龙门刊物"。

作为"龙门刊物"，《中国社会科学》责无旁贷地肩负着引领中国学术发展的历史使命。创刊 35 年来，《中国社会科学》一代又一代的编辑人员，用他们的青春、激情与汗水，在呵护着这份中国独一无二的学术刊物的成长，在守护着引领中国哲学社会科学发展的学术理想。

引领学术发展，就是要推动中国学术界关注学科前沿问题以及中国特色社会主义的重大理论与现实问题，在此基础上，开展原创性的学术研究。无论是在初创的 80 年代，还是在快速成长的 90 年代，乃至在深刻转型的 21 世纪，《中国社会科学》都以她志存高远的办刊理念，不断引领每一个历史时期的学术发展。

我国著名学者方立天教授在回顾他与《中国社会科学》的"殊胜文缘"时，这样写道："经过 30 年的不懈努力，《中国社会科学》成为我国哲学社会科学领域中学术品位最高、最具权威性、最富影响力的顶尖刊物，是我国哲学社会科学领域的一面耀眼的旗帜。《中国社会科学》的影响和作用是有目共睹的，集中体现在以下几个方面：直接有力地推动我国哲学社会科学学术事业的繁荣和发展；通过刊发对重大问题的高水平研究成果，推动我国社会主义社会的建设和发展；引领我国数以千计的哲学社会科学刊物向更高标准和水平不断迈进；培养、扶持作者，推动作者不断攀登学术高峰。"

学术的繁荣与发展，离不开一代又一代学者的学术传承，离不开优秀青年学者的不断涌现。培养学术新人，理所当然地成为学术刊物引领学术发展的一个重要方面。《中国社会科学》对于培养学术新锐着力甚深，始终坚持青年是中国学术的未来。

《中国社会科学》对青年学者的培养与扶持，造就了一批至今仍然活跃于学术舞台的学术大家。中国文学研究的资深学者杨义在其刚毕业从事研究工作时，就在《中国社会科学》发表文章。后来，在回忆他与《中国社会科学》的三度因缘时，饱含感情地写道："初出茅庐就被人赏识，再上征程，也心中有底，腿上有劲，此中功德不可低估。"学者的心声，真实地显示了《中国社会科学》的学术影响和历史价值。

雄关漫道真如铁，而今迈步从头越。当前，中国哲学社会科学正面临着历史上少有的发展机遇，也面对着历史上少有的巨大挑战。《中国社会科学》作为在国内学术界和国际学术界有影响的学术期刊，正在同全国哲学社会科学工作者一道，在中国特色社会主义道路上，把握时代精神脉动，彰显自主创新精神，关注社会现实问题，鼓励学派成长壮大，在时代与学术的相互映照、现实与理论的交织互动、历史与逻辑的辩证统一中，推动中国哲学社会科学的薪火承传、与时俱进和繁荣发展。

后　记

　　《时代精神的学术见证——〈中国社会科学〉三十五年简史》是由中国社会科学杂志社研究室共同编著完成的。由王广拟定了全书写作框架，赵晨昕承担第一章、第二章，王广承担第三章，彭秋归承担第四章，焦兵承担第五章，最后由王广负责全书的统稿工作。张天悦和吴丹搜集、整理了本书的图片资料。研究室顾问何秉孟同志对书稿作出了重要的学术指导，提出了一系列宝贵的意见建议。

　　中国社会科学院秘书长、党组成员，中国社会科学杂志社总编辑高翔研究员在百忙之中，为本书撰写了序言。

　　在编著本书的过程中，中国社会科学杂志社的社领导、部门主任、众多同事都给予了大力支持和热情帮助，很多老同志积极提供各种素材和资料，我们在此一并表示诚挚的谢意！

　　中国社会科学杂志社设计中心的田俊、詹晨升、王林芝、韩晓丽、李梦雪、王荣完成了本书的设计和美术编辑工作。

　　栉风沐雨，桃李无言，《中国社会科学》从创刊至今，走过了三十五年不平凡的历程。对这一段历史进行全面梳理和深入总结，是一项异常艰巨的任务。承担本书编著工作的，都是几位非常年轻的编辑，虽然已经竭尽所能地搜集材料、提炼概括，但仍难免挂一漏万。我们将在今后的工作和研究中，继续深入和更好地完善这一工作。

中国社会科学杂志研究室

2015 年 12 月

《中国社会科学》简介

《中国社会科学》是由中国社会科学院主管主办、中国社会科学杂志社编辑出版的综合类哲学社会科学期刊，于 1980 年 1 月创刊。

《中国社会科学》作为中国哲学社会科学界的"龙门刊物"，肩负着不同寻常的历史使命。坚持和发展马克思主义，引领中国学术不断进步，推动中国哲学社会科学走向世界，一直是《中国社会科学》不变的学术追求。

《中国社会科学》的发展历程与我国的改革开放同步，是中国改革开放的学术见证，所发表的大量学术研究成果对繁荣和发展我国的人文社会科学事业、传承中华民族的优秀文化，对推动我国的改革开放和社会主义建设发挥了重要作用。

《中国社会科学》在不同时期不断推出新人新作，成为当代中国培养哲学社会科学研究学术带头人的摇篮，被学界誉为中国最高水平的综合类人文社会科学期刊。

责任编辑：赵圣涛

责任校对：吕 飞

封面设计：肖 辉

图书在版编目（CIP）数据

时代精神的学术见证:《中国社会科学》三十五年简史 / 中国社会科学杂志社研究室 编著 . – 北京：人民出版社，2015.12

ISBN 978 – 7 – 01 – 015666 – 8

I. ①时… II. ①中… III. ①社会科学 – 期刊 – 文化史 – 中国 – 现代 IV. ① G239.29

中国版本图书馆 CIP 数据核字（2015）第 304234 号

时代精神的学术见证

SHIDAI JINGSHEN DE XUESHU JIANZHENG

——《中国社会科学》三十五年简史

中国社会科学杂志社研究室 编著

人民出版社 出版发行

（100706 北京市东城区隆福寺街 99 号）

北京尚唐印刷包装有限公司印刷 新华书店经销

2015 年 12 月第 1 版 2015 年 12 月北京第 1 次印刷

开本：889 毫米 × 1194 毫米 1/12 印张：7

字数：100 千字

ISBN 978 – 7 – 01 – 015666 – 8 定价：30.00 元

邮购地址 100706 北京市东城区隆福寺街 99 号

人民东方图书销售中心 电话：（010）65250042 65289539